AF326209

LIVRET

DE

L'EXPOSITION DU MUSÉE HISTORIQUE

de 1848,

OU

PROGRAMME EXPLICATIF

DES TABLEAUX

Par ordre numérique.

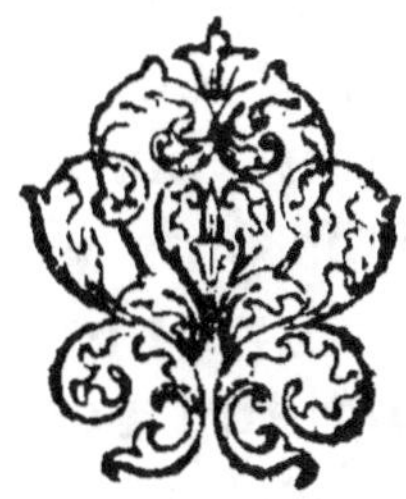

LA GUILLOTIÈRE,

IMPRIMERIE DE J.-M. BAJAT, PÈRE, FILS ET C.,

Cours de Brosses, 8.

1854

Iᵉʳ TABLEAU.

LA NUIT DU 23 AU 24 FÉVRIR 1848.

La chute du ministère Guizot avait été annoncée aux acclamations de toute la population. Paris avait pris un air de fête et la ville entière était illuminée, lorsqu'un coup de pistolet, tiré sur un chef de détachement militaire, vint siffler à son côté et n'atteignit que son cheval ; le cri de *Joue, feu!* se fit bientôt entendre de cet officier, et l'exécution de cet ordre fut la conséquence des cinquante-deux blessés, ou morts qui, sur toute la ligne des boulevards, sont bientôt portés au milieu des cris de désespoir qui avaient succédé à une récente allégresse.

(GABÉ.)

2ᵉ TABLEAU.

PRISE DU CHATEAU-D'EAU.

Des barricades avaient été élevées pendant la nuit, et le peuple était maître partout, sauf les points les plus rapprochés des Tuileries, un engagement des plus meurtriers eut lieu au poste du Château-d'Eau, place du Palais-Royal, qui fut enlevé, après la plus vive résistance. Le feu fut bientôt mis à ce monument, et près d'un demi bataillon fut englouti sous ses décombres que les flammes dévoraient ; quelques uns eurent le bonheur d'être sauvés, grace au dévoûment de citoyens généreux.   (A. FERRAN.)

3ᵉ TABLEAU.

TRAIT DE DÉVOUEMENT D'UNE JEUNE FILLE.

La générosité dans le cœur des femmes va

souvent jusqu'à l'abnégation d'elles-mêmes ; ce tableau nous en fournit la preuve la plus irrécusable.

Un détachement de garde municipaux s'était retranché dans le poste de la place de la Concorde, mais il ne put résister au flot populaire qui l'envahissait de toute part ; déjà, tous ses camarades étaient blessés ou mourant, lui, *Fabre*, allait subir le même sort, lorsque, par une heureuse inspiration, une jeune fille du peuple s'élance au-devant des hommes armés, et leur crie de toute la force de ses poumons : *Arrêtez! c'est mon père !* Cet heureux mensonge, dit avec l'accent de la vérité et parti d'un cœur noble et généreux, fit relever les armes, Fabre fut laissé libre : il est aujourd'hui marié avec sa libératrice, laquelle a été décorée pour ce trait de dévoûment. Fabre, qui est un brave et ancien militaire, quoique encore jeune, a repris du service et est aujourd'hui dans la 18ᵉ légion de gendarmerie.   (LEBAILLIF.)

4ᵉ TABLEAU.

DÉPART DE LOUIS-PHILIPPE.

Le Roi est près de sa voiture, au premier plan avec la Reine. Le duc de Monpensier, leur fils, leur fait ses adieux. M. Crémieux est derrière le jeune prince, et un officier-général derrière lui ; un officier, adjudant-major de cuirassiers, est à cheval et accompagne le Roi et la Reine, qui montent bientôt dans une voiture que le

4

médecin du Roi avait mise à sa disposition.
(BIDEAU.)

1. Le roi Louis-Philippe. — 2. La Reine. — 3. Le duc de Monpensier. — 4. M. Crémieux. — 5. Un général escortant le Roi.

5° TABLEAU.

LE PEUPLE DANS LA SALLE DU TRÔNE.

A peine le Roi et sa famille avaient-ils quitté le palais, que le peuple s'en rendit maître ; la salle du trône est bientôt envahie. — Taupin, chiffonnier, de la rue Saint-Victor, est assis sur les degrés du trône, tandis que Trubert, maçon, est installé dedans, un verre à la main. Un homme placé près de lui, avait cassé avec une arme ancienne, qu'il tient de la main gauche, le goulcau d'une bouteille de champagne : Trubert s'écria aussitôt : Je ne veux pas boire du vin dans lequel il y ait du verre, qu'on me donne du bordeaux, et en effet, il est immédiatement servi, et en se rasseyant sur le trône dont le siége était élastique, il dit : Comme on s'enfonce là dedans !.... (GABÉ.)

6° TABLEAU.

LE PEUPLE SORTANT DES CUISINES ROYALES.

Sorti de la salle du trône, le peuple se transporte dans les cuisines royales, les caves n'ont pas été oubliées, chacun porte en trophée une partie du festin déstiné un moment avant, aux bouches princières ; un rétammeur de cuillers et fourchettes avancé sur le premier plan, porte de la main droite un carré de mouton, et le bras levé en l'air, crie : Vive la réforme !

Mais il a de caché à la partie bosseuse de la ceinture, et entre la chemise et la chair, un plat d'or, marqué au chiffre royal... c'était un voleur! Au dernier plan à gauche, un homme monte le cheval d'un général qui devait escorter le Roi.　　　　　　　(LEBAILLIF.)

7ᵉ TABLEAU.

DERNIÈRE SÉANCE DE LA CHAMBRE DES DÉPUTÉS.

La duchesse d'Orléans vient présenter son fils, le comte de Paris, à l'Assemblée, et demande que ses droits au trône soient conservés. Une voix partie de la gauche, lui répond : *Il est trop tard!...* En effet, quelques instants après, le peuple allait sur la place de la Bastille faire un autodafé du trône royal. Sur le premier plan, la duchesse d'Orléans, tenant de la main gauche le comte de Paris, de la main droite le petit duc de Chartres, derrière ce groupe, vêtu de noir, M. de Nemours, et après lui le maréchal Molitor, gouverneur des Invalides. A la gauche du comte de Paris, un aide-de-camp, détournant le fusil d'un homme en bras de chemise, et qui voulait tirer sur le duc de Nemours. Un homme vêtu de bleu, et la giberne sur l'estomac, retient de la main gauche un autre homme qui brandissait un sabre, tandis que de la main droite, il appuie fortement sur la crosse du fusil de celui qui voulait frapper le duc de Nemours, afin de relever le coup. Derrière ce groupe, et sur les degrés de la tribune. MM. de Lamartine et Dufaure;

entre leurs deux épaules, M. Crémieux. Au dernier plan, un homme qui couche en joue M. Sauzet, président ; entre tous deux, un officier qui relève le fusil au moment où le coup allait partir. En dessous, et à la tribune, M. de Larochejacquelin. Le petit prince, éffrayé du coup de feu, se cache sous le fauteuil, où Leytmann le retrouve, et le conduit chez madame de Montesquiou. (GABÉ.)

1. La duchesse d'Orléans. — 2. Le duc de Nemours. — 3. Le comte de Paris.—4. Le duc de Chartres.—5. Un officier d'ordonnance. — 6. M. Odilon-Barot. — 7. M. de Larochejacquelin. — 8. M. Sauzet, président. — 9. M. Dufaure. — 10. M. de Lamartine. — 11. M. Crémieux. — 12. M. Leytmann, huissier de la Chambre.

8e TABLEAU.

LE PEUPLE FAISANT JUSTICE.

Le vrai peuple peut quelquefois , poussé par la colère, se livrer à la dévastation ; mais il a le vol en horreur, et sa justice est prompte, lorsqu'il faut punir les pillards qui subrepticement se glissent dans ses rangs. Un homme est étendu à terre,... c'est le rétammeur du tableau n° 6, qui a volé le plat d'or ; un autre tombe, frappé par la justice populaire, c'est celui qui a volé la cassette du général Jacqueminot, cassette qui contenait des valeurs considérables et qui a été rapportée à l'Hôtel-de-Ville. Entre les hommes armés et ces deux larrons, se trouve un jeune homme, artiste peintre, qui, d'une main, tient un fusil, et de l'autre cherche à empêcher cette exécution, disant qu'il vallait mieux les livrer à la justice. Cet artiste faillit être victime de sa générosité; car, on le menaça de le fusiller lui-même, en lui disant, qu'il s'entendait avec ces deux voleurs; s'étant fait reconnaitre, il n'en a rien été, mais l'exécution des deux frippons à eu lieu. (GABÉ.)

9ᵉ TABLEAU.

LE PEUPLE SALUANT LE CHRIST.

M. Rémond, élève distingué de l'école Polytechnique, accompagne à Saint-Roch un christ d'une grande valeur qui était à la chapelle des Tuileries, et, sur son passage, le fait saluer par le peuple, en lui disant ces belles et historiques paroles : « Saluez ! c'est notre maitre à tous ! » Un homme du peuple porte le Christ. A la gauche de l'élève de l'école, M. Allain, qui, plus tard, fut nommé commissaire-préfet dans les Ardennes.   (GABÉ.)

10ᵉ TABLEAU.

MADAME DE LAMARTINE A L'HÔTEL DE-VILLE.

Madame de Lamartine prend sous son patronage, les orphelins des victimes de février, et les conduit à l'Hôtel-de-Ville près du Gouvernement provisoire. Derrière madame de Lamartine, et l'accompagnant, le vénérable abbé Roux ; à coté et avec sa toge de juge, M. Bourget, président du tribunal de commerce. Une sœur, portant un enfant, dont le père était mort, et qu'on avait trouvé dans une mansarde ; cet enfant était enfermé depuis vingt-quatre heures, d'après les renseignements des voisins, et conséquemment privé de nourriture, car la mère était à la recherche du cadavre de son mari. A droite et au bas du tableau, un garde national portant le drapeau tricolore, et un homme a figure rébarbative, mais aussi bon que le contraste de sa figure l'annonce peu. On l'a, par sobriquet, surnommé Mouton.(C. Calix.)

11ᵉ TABLEAU.

DÉBARQUEMENT DE LOUIS-PHILIPPE EN ANGLE-TERRE.

Louis-Philippe ne pouvant rassembler les membres de sa famille, qui, tous ont été contraints de fuir par des routes diverses, se voit forcé d'abandonner la France, avec la Reine, pour habiter l'Angleterre. Il débarque à Neowen ; derrière la Reine, qui est montée la première et donne la main au Roi, se trouve un gros homme, Smith, interprète d'hôtel, qui vient offrir au Roi, sans savoir qui il est, une carte pour l'hôtel auquel il appartient, et devant cet homme, un petit espiègle qui en fait autant.   (Gabé.)

12ᵉ TABLEAU.

LE DRAPEAU TRICOLORE.

L'histoire dans son impartialité, consacrera une belle page à M. de Lamartine, alors qu'en face d'une multitude compacte et entouré de dangers toujours croissants, il sut les affronter en prononçant ces belles et surtout ces mémorables paroles :

9

« Citoyens, dit Lamartine, pour ma part je n'accepterai jamais le drapeau rouge, et je vais vous dire, dans un seul mot, pourquoi je m'y oppose de toutes les forces de mon patriotisme :

» C'est que le drapeau tricolore, citoyens, a fait le tour du monde avec la République et l'Empire, avec nos gloires, nos conquêtes et nos libertés !... et que le drapeau rouge, n'a fait que le tour du Champ-de-Mars, traîné dans des flots de sang du peuple. (Gouvernement provisoire qui l'entoure.) »   (GABÉ.)

1. Lamartine. — 2. Simon le charron. — 3. Louis Blanc. — 4. Marie. — 5. Ledru-Rollin. — 6. Garnier-Pagès. —7. Panière. — 8. Arago. — 9. Armand Marast. — 10. Dupont de l'Eure. — 11. Flocon. — 12. Crémieux. —13. L'artiste peintre.

13ᵉ TABLEAU.

ENVAHISSEMENT DE L'ASSEMBLÉE NATIONALE.

Le 15 mai, de nombreuses colonnes, à la tête desquelles se trouvent Raspail, Blanqui, Hubert, passent aux abords du palais de l'Assemblée nationale ; elles l'envahissent malgré les efforts faits pour les arrêter. Après Raspail, voulant donner lecture de la pétition polonaise, Hubert s'élance à la tribune et proclame la dissolution de l'Assemblée.

1. Barbès. — 2. Raspail. — 3. Hubert. — 4. Sobrier.— 5. Louis Blanc. — 6. Buchez. — 7. Le capitaine Laviron. 8. Blanqui.—9. Degré, le pompier. — 10. Thoré, le journaliste. — 11. Hervé, président du Club des Clubs. — 12. Un artiste peintre.

14ᵉ TABLEAU.

LA SŒUR SAINTE ROSALIE.

C'est encore là où le génie de l'humanité se montre si grandiose dans le cœur d'une femme, femme sainte et pleine d'abnégation, sacrifiant sa vie pour sauver celle de ses semblables, il n'est dû qu'à ce sexe d'enfanter des prodiges de se genre soutenu par cette religion à laquelle les plus belles actions ont dû d'heureuses efficacités dans ces temps de cataclysme et de tourmente populaire. En effet, ce premier épisode de la déplorable insurrection de juin, nous montre la sœur Sainte-Rosalie, pleine de l'oubli de sa propre conservation. Huit gardes mobiles étaient de garde dans cette maison de charité, où la souffrance vient trouver du soulagement, où le pauvre vient chercher de quoi nourrir sa famille et vêtir ses enfants. Les gardes mobiles sont bientôt assaillis par une troupe d'hommes armés qui oublient un instant le respect dû à ce saint lieu. La fusillade commence, quatre de ces infortunés mobiles tombent frappés de mort, deux sont grièvement blessés, un, celui qui est couché à terre, n'a pu franchir le seuil de la porte, l'autre qui est repoussé par une des sœurs, veut encore se défendre de la main gauche; les deux survivants se sont réfugiés dans cette maison de paix et de prières... Un équarrisseur du faubourg Saint-Jacques, où se passe cette scène, semble commander le grouppe armé qui le suit, il s'avance vers la sœur Sainte-

Rosalie et lui intime l'ordre de livrer les gardes mobiles, et du sabre et du poing la menace elle-même... C'est alors que puisant toutes ses forces dans cette sainte charité qui l'anime, elle répond d'une voix ferme et accentuée... « Je ne vous crains pas!... je ne crains que Dieu!... » Sublimes paroles et qui, si noblement dites ont pu arrêter la fureur de ces hommes, car aussitôt les fusils se relevèrent; l'équarrisseur lui-même revint à des sentiments plus doux, une seule femme, génie de méchanceté et de mal, qui vendait de l'eau-de-vie aux insurgés, donnait le conseil à un homme de tirer sur les malheureux blessés.

15e TABLEAU.

LE CURÉ DE SAINTE-MARGUERITE.

Autre exemple d'abnégation de soi-même. Le vénérable abbé Dumay, curé de Ste-Marguerite, lui aussi, est allé sur les barricades à l'exemple de l'infortuné archevêque de Paris... mais plus heureux il en est sorti sain et sauf. L'abbé Dumay donne ici des soins et des paroles de consolations à un blessé qui sachant que la garde mobile ne s'était pas ralliée aux insurgés, jurait contre elle et la maudissait. C'est alors que l'abbé lui dit ces paroles qui doivent rester éternelles : » Dieu à dit : aimons-nous et pardonnons-nous les uns les autres. »

Au premier plan à droite et couché à terre, le propriétaire du magasin de mérinos qui s'était déguisé en ouvrier pour se mêler à l'insurrection et monter sur les barricades ; sa fille s'aperçoit par une fenêtre qu'il vient d'être frappé d'un coup mortel, et elle descend recevoir son dernier soupir, elle était en robe de soie gorge-pigeon.   (GABÉ).

16ᵉ TABLEAU.

L'ARCHEVÊQUE CHEZ LE GÉNÉRAL CAVAIGNAC.

L'archevêque, ce vénérable prélat vient au péril de ses jours offrir au général Cavaignac d'aller s'interposer sur les barricades entre les deux partis et d'y porter la branche d'olivier, symbole de paix et de conciliation ; le général lui représente les dangers qu'il avait à courir. Mgr Affre insiste avec cette persistance qui n'appartient qu'à l'homme de Dieu. Le petit Prosper Taulin, jeune garde mobile qui se tient dans le coin de la porte, ayant entendu la conversation, dit au digne prélat : Eh bien ! Monseigneur, si vous tenez à aller aux barricades, je vous y suivrai toujours à vos côtés, et si je vois que l'on tire sur vous, je me mettrai devant.   (GABÉ'.

1. L'archevêque. — 2. Le général Cavaignac. — 3. Le ministre de l'intérieur. — 4 Le lieutenant-colonel du 6ᵉ dragon. — 5. M. de Froissey, chef d'état-major, assis à la table.

17ᵉ TABLEAU.

L'ARCHEVÊQUE AUX BARRICADES.

A peine le prélat est-il monté sur la barricade qu'une balle vient l'atteindre dans les reins et lui briser l'épine dorsale ; il tombe entre les bras de deux vicaires généraux qui l'avaient accompagné ; son valet de chambre est derrière et porte sa plisse ; on l'assied bientôt sur une caisse qui contenait des munitions en attendant les secours que Prosper Tautin était allé chercher à l'hospice des Quinze-Vingt.

(GABÉ).

18e TABLEAU.

L'ARCHEVÊQUE DONNANT SA CROIX.

Le mobile Prosper Tautin , comme nous l'avons dit, était allé chercher du secours à travers les dangers sans nombre qui venaient l'assaillir ; il est bientôt suivi d'une sœur faisant porter un brancard garni de matelas ou l'on dépose cette noble victime de la guerre civile ; deux prêtres sont à ces côtés. L'archevêque fait approcher Prosper Tautin, qui, respectueusement , met un genou à terre ; Monseigneur détache sa croix et la donne à Prosper, qui, étonné de tant de bonté, la reçoit en tremblant ; six heures plus tard, il était décoré par le général Cavaignac de l'insigne de la Légion-d'Honneur. (LEBAILLIF.)

19e TABLEAU.

VUE INTÉRIEURE D'UNE CHAMBRE D'INSURGÉS AU FAUBOURG ST-ANTOINE, AU COIN DE LA RUE DE CHARENTON ET DE LA PLACE DE LA BASTILLE.

C'est de cette chambre qu'on suppose que l'archevêque a été frappé. — Une femme fondait dans une casserolle de fer battu du plomb pour en faire des balles ; elle reçoit par le trou qui se trouve dans la muraille, une balle qui l'atteint dans la fourchette du col, elle va tomber dans une encoignure après avoir renversé les objets qui se trouvaient sous ses pas ; et dans cette position, elle fait des efforts pour rendre la balle ; mais elle ne rejeta que l'eau rougie avec laquelle elle s'était désaltérée, elle est morte dans cette position. Son mari a été aussi frappé d'une autre balle qui, glissant dans le matelas, l'a atteint en pleine poitrine au moment ou il allait faire feu.

L'homme qui fait feu par la fenêtre est celui qu'on suppose avoir tiré sur l'archevêque. — Un boulet est entré par le trou pratiqué déjà par d'autres projectiles, a été fracasser la commode, casser le marbre dont les débris ont brisé le miroir qui est audessus. Le boulet ayant senti de la résistance dans le gros mur, est ressorti en rebondissant, il est venu se placer au milieu de la chambre, sa commotion, en revenant sur lui-même, a fait ouvrir seul le dernier tiroir du meuble. Tout le désordre existant dans cette chambre, est constaté par le procès-verbal dressé par les autorités. (GABÉ).

20ᵉ TABLEAU.

L'ARCHEVÊQUE RECEVANT LES SACREMENTS.

De la place de la Bastille, l'archevêque est transporté dans le presbytère des Quinze-Vingt, où, sur l'avis des deux docteurs qu'il n'avait que peu d'instants à vivre, le vénérable curé de cet hospice lui administre les saints sacrements. Après l'extraction de la balle, le chirurgien la dépose dans une fiole qui se trouve sur la table. Un artiste-peintre fait faire silence à tous les assistants, voulant connaître la position de l'archevêque.   (Gabé).

21ᵉ TABLEAU.

L'ARCHEVÊQUE DONNANT SA BÉNÉDICTION A SES DERNIERS INSTANTS.

Rapporté à l'archevêché, ce noble martyr de la charité chrétienne n'a dans le cœur et sur les lèvres que des consolations pour ceux qui l'entourent en disant : « Le bon pasteur donne sa vie pour ses brebis, puisse mon sang être le dernier versé. »

Il donne l'ordre qu'on fasse entrer tous ceux qui étaient dans les salles voisines ; aussitôt chacun des soldats du 18ᵉ léger et de la garde mobile, avec un pieux et douloureux recueillement, viennent assister aux derniers instants de cette noble victime et recevoir sa bénédiction. Son vicaire-général fond en pleurs agenouillé près du lit, derrière lui son secrétaire ; et auprès son valet de chambre ; quelques instants après Monseigneur expirait. On voit sur la table la fiole dans laquelle se trouve la balle et le sang.   (Gabé).

22ᵉ TABLEAU.

MORT DU GÉNÉRAL DE BRÉA.

Daix, pauvre, appartenant à l'hospice de Bicêtre, couche en joue le général pour qu'il signe l'ordre que les troupes se rendent ; sur le refus de ce digne officier, -Vapporeau aîné le saisit, lui arrache son épaulette et le frappe au visage. — « Misérables ! leur dit l'infortuné général de Bréa , tuez-moi, mais ne m'outragez-pas ! Pendant ce temps , Larh menace le capitaine Mangin qui accompagnait le général , tandis que Chappart le menaçait aussi d'une hache. Au deuxième plan à droite, et dans l'ombre, un homme en blouse dit au commandant Démaray qui avait pu se cacher derrière la table : Ne bougez pas, je vous sauverai. — Mais un enfant qui , au milieu de la scène, se fait remarquer , vient dénoncer aux insurgés qu'on avait fait un trou dans le violon pour faire évader les parlementaires que l'on avait fait prisonniers. — Alors de toutes les croisées commença cette horrible scène. Le capitaine Mangin, lui aussi, mourut de la mort des martyrs. Sous le banc ou est assis le général de Bréa, est un jeune garde mobile qui fut tué dans cette action. — Deux hommes furent sauvés, ce sont le commandant Démaray, aujourd'hui, le lieut.-colonel du 6e léger, et le capitaine Gobert de la garde nationale. — Vappereau jeune fait sortir tout le monde du poste, voire même une femme qui faisait partie des insurgés , mais qui ne voulait pas que l'on tue le général. C'est après cela que les coups de feu partirent des fenêtres et des portes, et que le général de Bréa et son aide-de-camp tombèrent.

1. Daix, pauvre de Bicêtre. — 2. Vappereau aîné. — 3. Général de Bréa. — 4. Lahr. — 5. Le capitaine

Mangin. — 6. Chappard. — 7. Le commandant Démaray.
— 8. Dumond. — 9. Vappereau jeune.

23ᵉ TABLEAU.

BARRICADES DE LA PORTE ST-DENIS.

Une jeune femme vêtue d'une ceinture aux couleurs
éclatantes, monte sur le sommet de celte barricade
en criant : Vive la république démocratique et sociale',
elle tombe immédiatement frappée de trois balles, elle
tient à la main le drapeau qui devait lui servir de linceuil
ensanglanté. Une autre femme approvisionnait les insurgés de cartouches qu'elle avait dans un cabas, c'est du
peloton de droite des insurgés qu'à été tué le fils Leclère,
si célèbre par l'héroïsme de son père, qui fut chercher
son fils cadet pour venger la mort de son ainé.

24ᵉ TABLEAU.

MAISON DES DEUX PIERROTS.

Prise du petit pont de l'Hôtel-Dieu , de ses barricades
et des maisons qui servaient de retranchements aux insurgés, la troupe de ligne, aidée de la garde républicaine,
fait des prodiges de valeur; mais la position était diffi-
cile, alors on prit le parti d'envelopper l'île de la rue St-
Jacques et celle de la rue de la Huchette avec la rue de la
Bucherie par un cordon de garde nationale pour empêcher toute communication avec les insurgés; de celte
manière on put s'en rendre maître ; mais ce ne fut encore
que le lendemain à cinq heures et demie du soir, après
avoir perdu plusieurs centaines de braves de l'armée.

25ᵉ TABLEAU.

PRISE DU FAUBOURG DU TEMPLE.

Celte position est sans contredit celle qui a
été la plus laborieuse pour la troupe, nul homme ne pouvait monter sur la passerelle sans
être atteint et frappé de cinq à six balles, les mi-
litaires durent renoncer à la franchir, le feu
était roulant de toutes les fenêtres dont les insurgés s'étaient rendus maîtres, alors on fit em-

busquer une pièce d'artillerie en face de la maison Lebon, épicier, au coin de la rue Fontaine-au-Roi et du faubourg du Temple, car les insurgés étaient possesseurs du pont tournant du canal. La pièce d'artillerie lança des projectiles inflammables qui mirent le feu au quartier-général des insurgés, ce qui décida de l'action en faveur des troupes. Le drapeau rouge fut emporté d'assaut par le 48e de ligne.

26e TABLEAU.
Mort du général Négrier.

Négrier, que les Arabes appelaient aussi le sultan juste, trouva dans cette horrible guerre une mort prématurée. Lui, dont la précieuse vie eût pu être encore longtemps l'orgueil de la France, a été frappé à la tête et à la poitrine sur la place de la Bastille, en tête d'une colonne partie de l'Hôtel-de-Ville. Il tombe mortellement blessé, dans les bras de son aide-de-camp ; plus loin, sur la gauche, le représentant Charbonel, frappé mortellement, et porté sur des fusils par des soldats. Nous devons à la vérité de dire, que le général Négrier, dans ce moment, n'était qu'en tunique et képi, mais pour l'histoire, le peintre a dû lui rendre dans le tableau son costume officiel, afin que l'on ne puisse le confondre avec un officier supérieur mais inférieur à son grade. Le général Perrot vint immédiatement remplacer le trop regrettable Négrier, dont la mort sera longtemps encore un deuil pour la France.

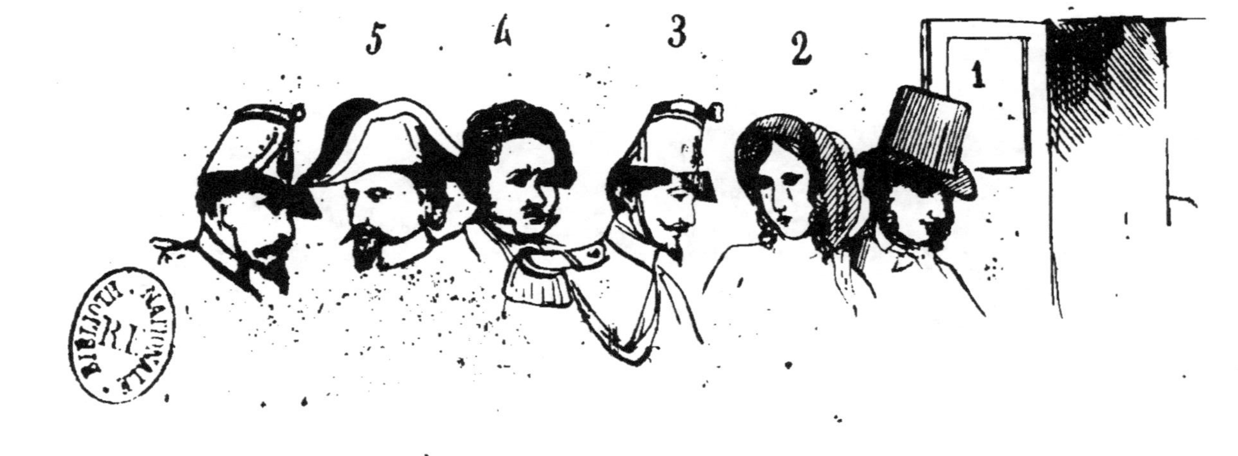

5
4
3
2
1

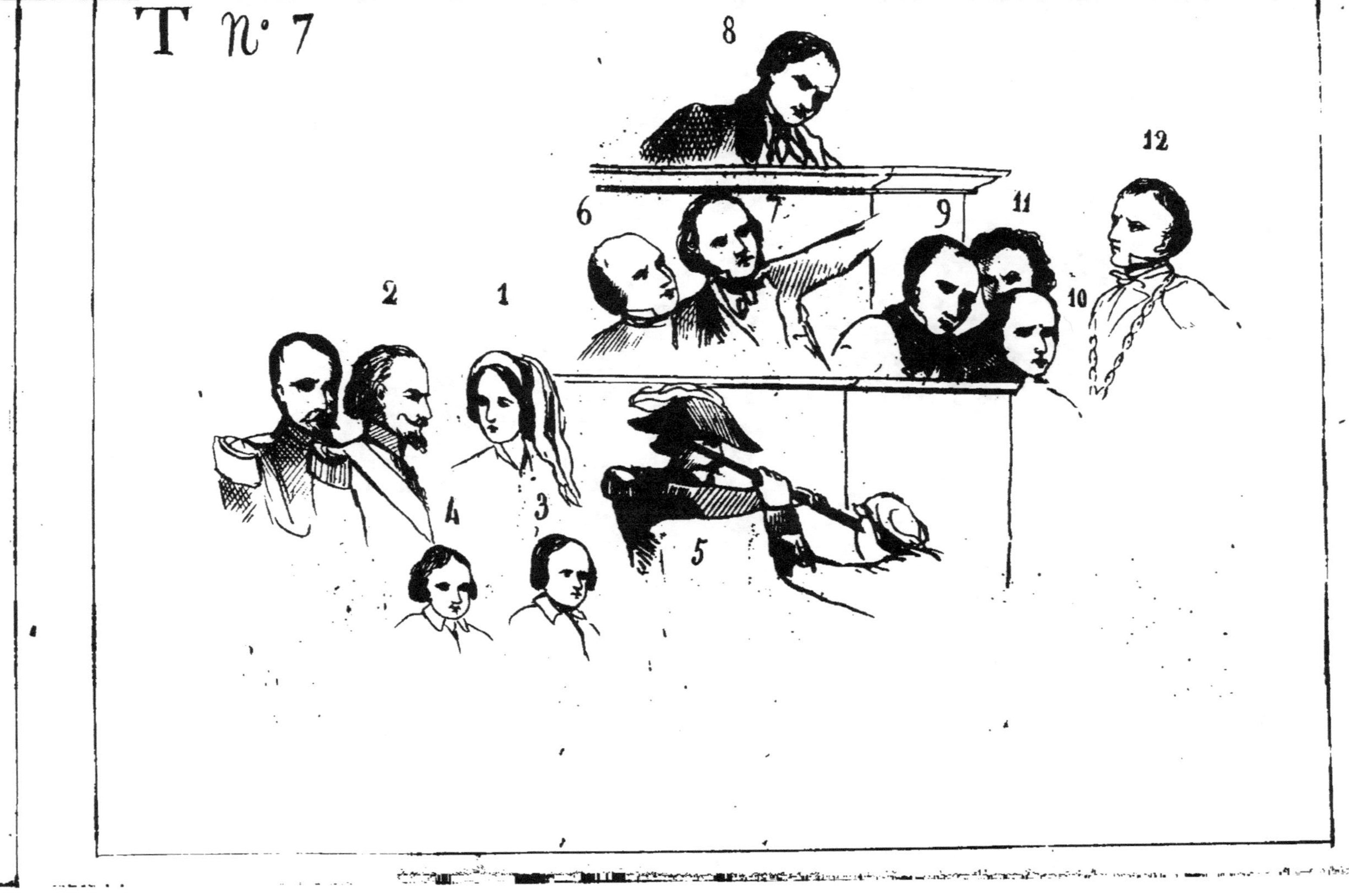
8
6
9
11
12
2
1
10
4
3
5

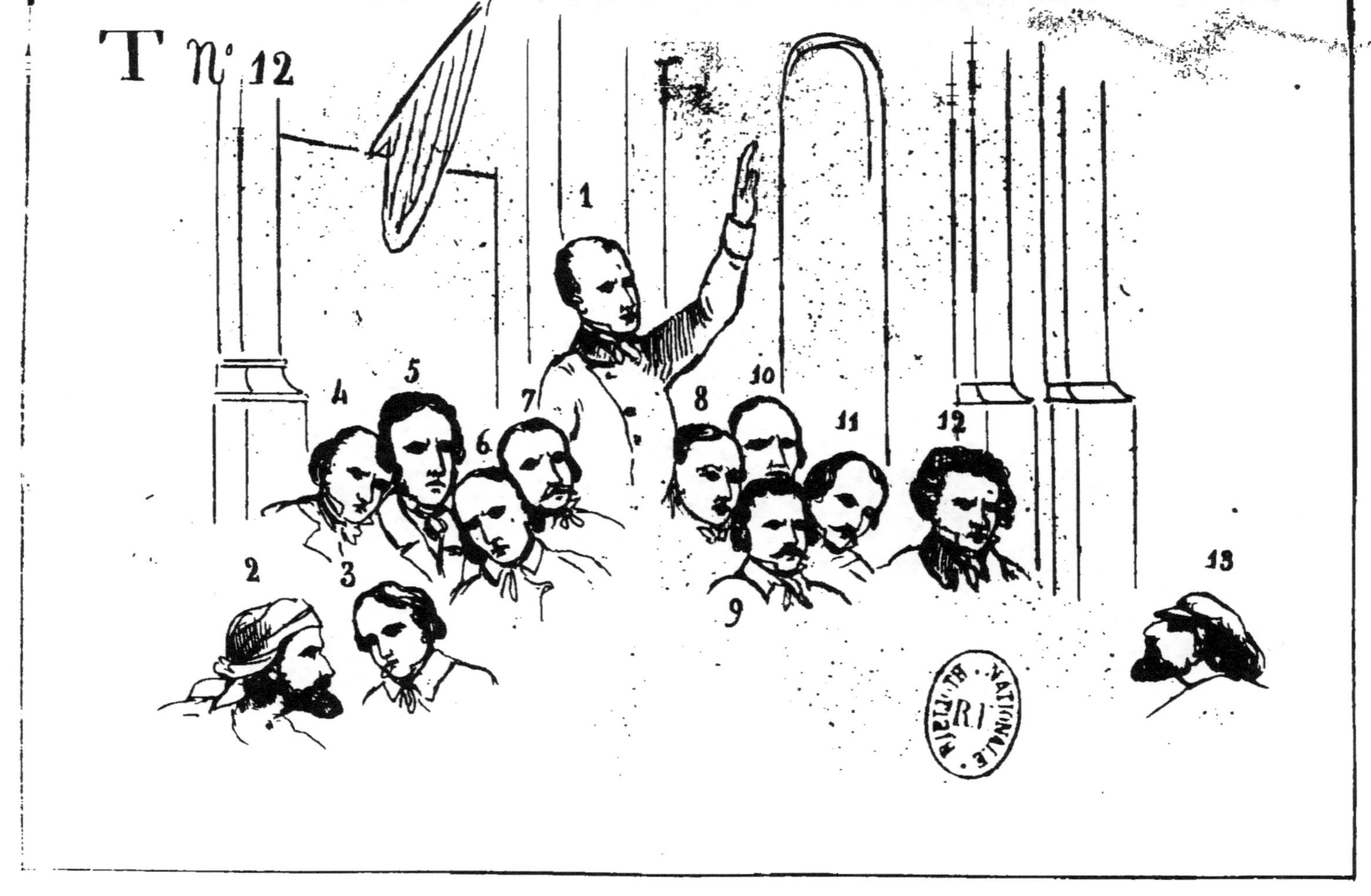

T N° 12

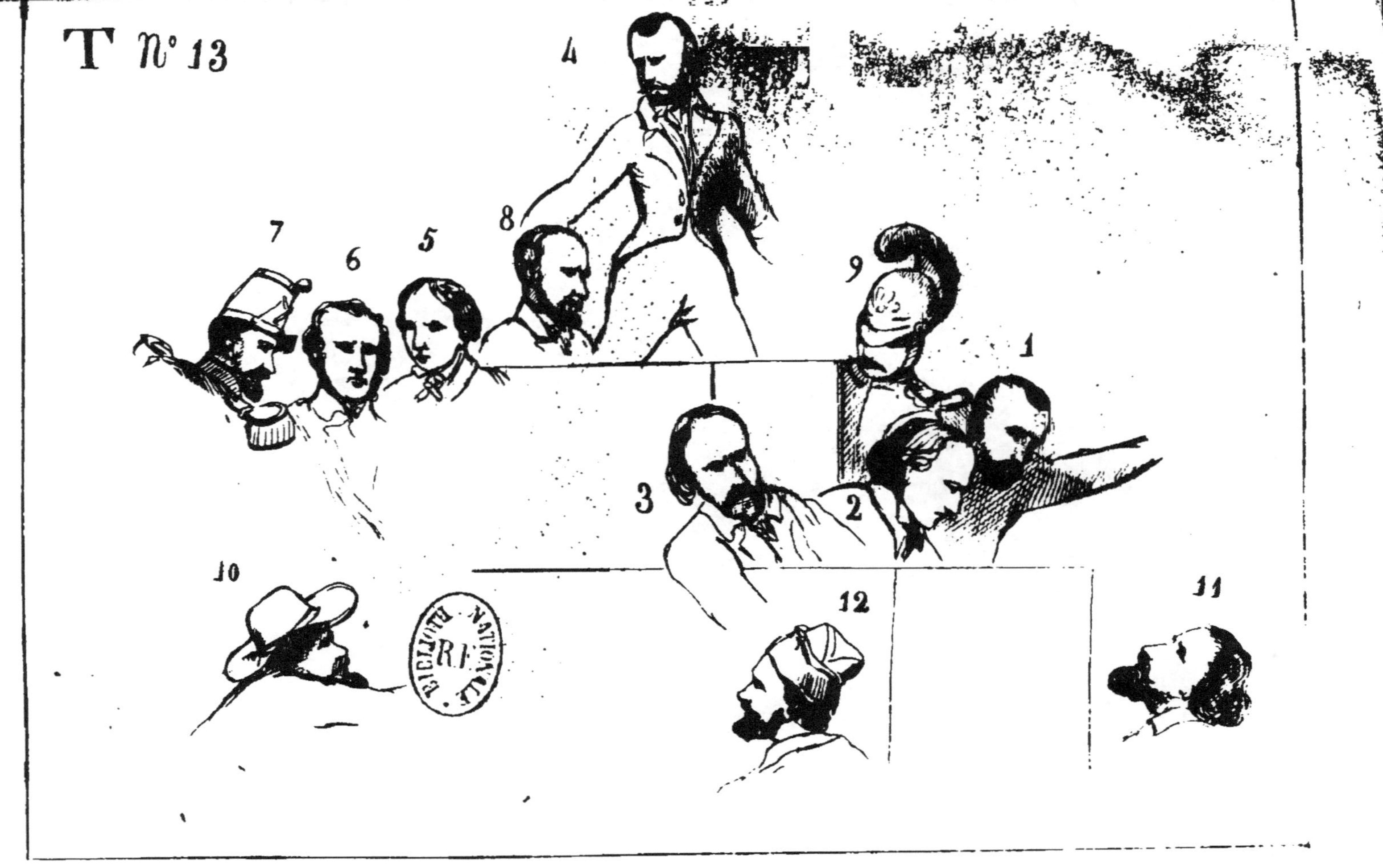
T n° 13

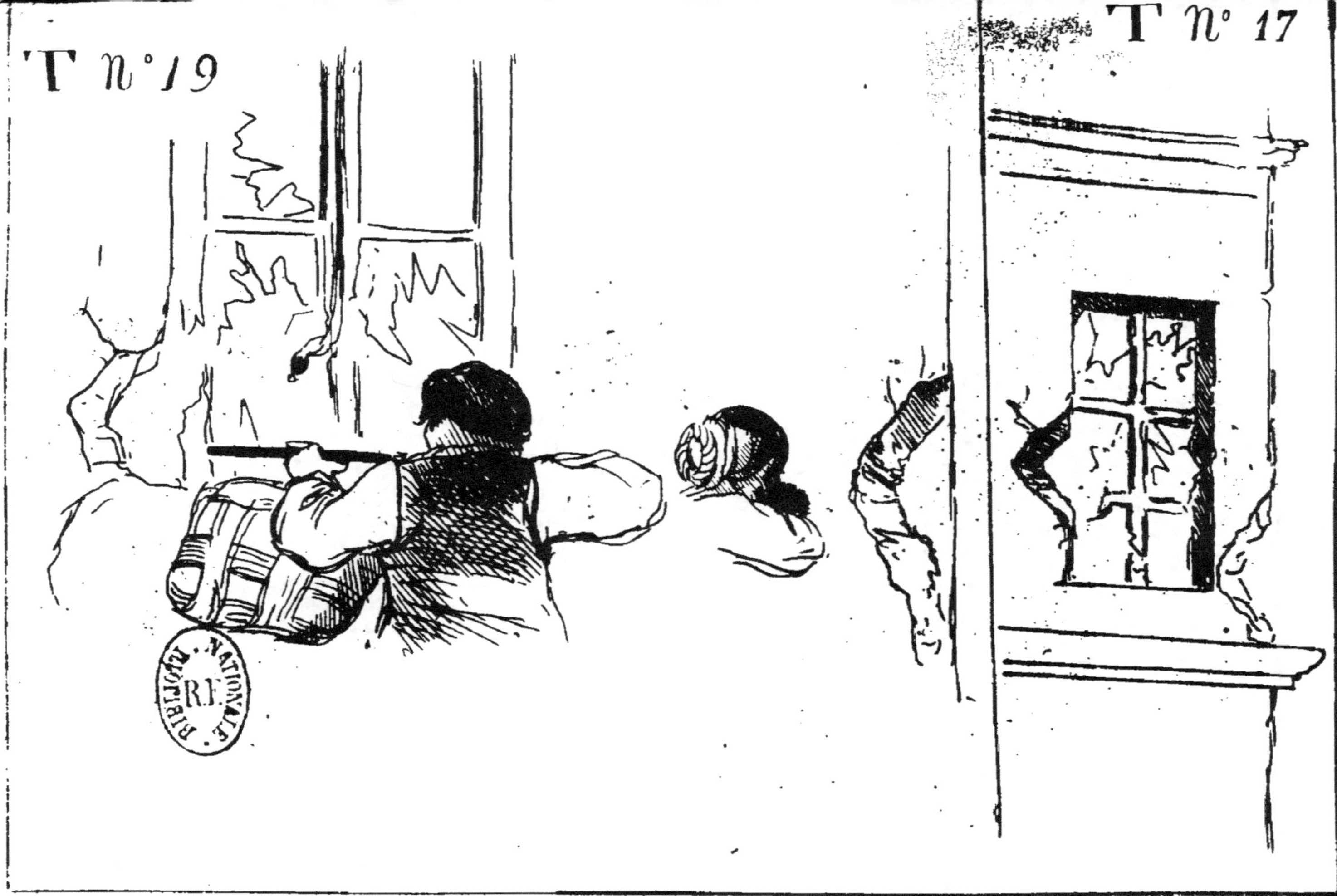
T n° 19
T n° 17

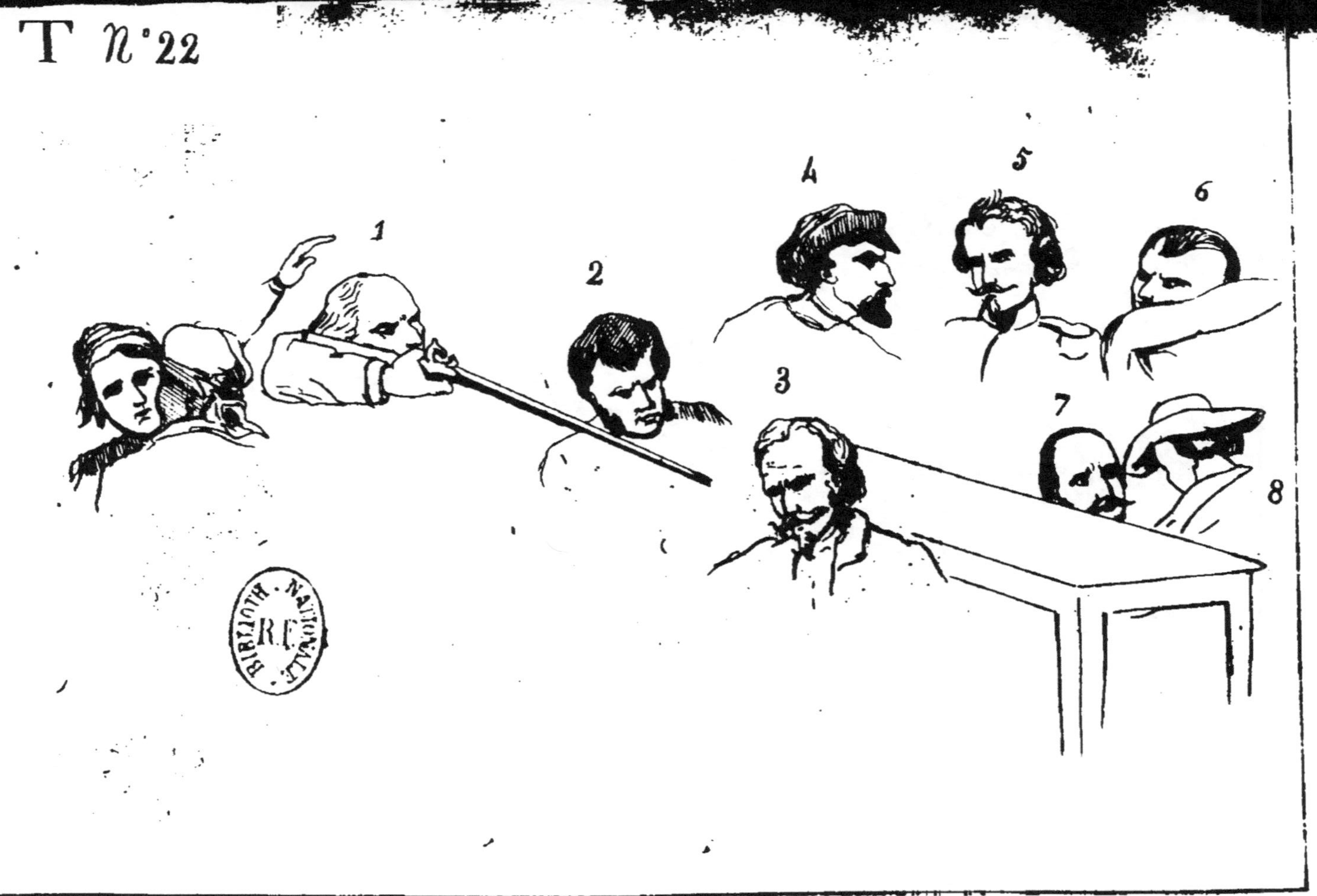
T n°22
1
2
3
4
5
6
7
8